Anziehung

Das Geheimnis der Anziehungskraft

Sympathisch, charismatisch
und anziehend wirken

Auflage 2016 September
ISBN-13: **978-1539004417**
ISBN-10: **1539004414**

Webseite tbreise.buch-autoren.de
Email: tbreise@tbreise.buch-autoren.de
Impressum:

T.Breise

c/o Autoren.Services

Zerrespfad 9

53332 Bornheim
Gestaltung: Jason Masters Photography
Bilder: shutterstock.com Photography

Newsletter Eintrag für Neuerscheinungen,
bitte per Email Anfrage an:
newsletter@tbreise.buch-autoren.de

T. Breise

Anziehung

Das Geheimnis der Anziehungskraft

Sympathisch, charismatisch
und anziehend wirken

Inhaltsverzeichnis

Vorwort 7

Einleitung 8

Was bringt mir das überhaupt? 9

Sagenhaftes Charisma 10

    Charismatische Menschen sind perfekt. 12

    Charisma ist angeboren 13

    Charisma kann man nicht erlernen. 14

    Charismatische Menschen sind extrovertiert. 15

Was also machen charismatische Mensche
anders? Was sind ihre Geheimnisse? 16

Was hast du davon, wenn du dein Charisma ausbaust? 21

Wie wirkst du auf andere Menschen? 23

Deine Ausstrahlung entfalten. 26

Die Körpersprache 34

    Halte dich aufrecht! 38

    Finde deinen Standpunkt. 39

    Zeig her deine Hände! 41

    In der Ruhe liegt die Kraft. 44

Nimm Blickkontakt auf. 45

Übung macht den Meister 48

Charismatisch reden und zuhören 49

Hindernisse überwinden 59

Schlusswort 65

Gratis   Ebook   zum   schmökern **Er ror! Bookmark not defined.**7

Vorwort

Wie schön, dass du dich für dieses Buch entschieden hast!

Du möchtest also deine Anziehungskraft verbessern, als sympathischer und charismatischer Zeitgenosse (oder Zeitgenössin) gelten und dir einen guten Ruf erschaffen, der dir vorauseilt? Dann hast du die richtige Wahl getroffen! Denn entgegen der verbreiteten Meinung, ist Charisma nicht angeboren, sondern kann sehr wohl erlernt werden – auch von dir! Du musst dazu weder deine Persönlichkeit verändern, noch ein komplett neuer Mensch werden, denn es reicht vollkommen, wenn du ein paar kleine Tricks in dein Verhalten integrierst. Hast du Lust bekommen? Dann lies schnell weiter! Aber Vorsicht: Es könnte dein Leben verändern!

Einleitung

Was ist überhaupt Anziehungskraft? Der Duden definiert sie erstens als "magnetische Kraft" und zweitens als das "Vermögen, jemanden in seinen Bann zu ziehen". Wir alle besitzen diese Fähigkeit, nur sind wir uns dessen oft nicht bewusst.

Auch du bist in der Lage, Menschen zu beeindrucken, du weißt es nur vielleicht noch nicht. Anziehungskraft hat viele Facetten: Attraktivität, Ausstrahlung, Charisma und Charme. Selbst wenn du es gerade nicht glauben kannst, doch auch in dir steckt eine attraktive und interessante Persönlichkeit.

Willst du sie kennenlernen? Doch sei gewarnt, es wird nicht leicht! Du wirst hart an dir arbeiten müssen, wenn du charismatisch und anziehend werden möchtest, aber es lohnt sich garantiert.

Was bringt mir das überhaupt?

In erster Linie scheinen die Vorteile einer anziehenden Persönlichkeit klar auf der Hand zu liegen: Du bekommst mehr Aufmerksamkeit, hast größeren Einfluss auf deine Umgebung und stehst auf einmal im Mittelpunkt. Wer würde das nicht wollen? Beginnst du nun, an deiner Attraktivität zu arbeiten, hast du die Chance der Mensch zu werden, der du schon immer sein wolltest. Du wirst dich komplett fühlen, vervollständigt und allein dieses Gefühl wird deine Ausstrahlung total verändern. Du wirst selbstbewusster und vergleichst dich nicht mehr mit anderen Menschen, weil du gelernt hast, deine einzigartige Individualität zu schätzen.

Gleichzeitig bist du endlich unabhängig von der Zuneigung und den Meinungen deiner Mitmenschen. Auch deine Beziehungen und Freundschaften werden sich vertiefen und es wird dir leichter fallen, mit anderen Menschen zu kommunizieren, sie zu verstehen und dich selbst besser verständlich zu machen.

Ich möchte dir Anziehungskraft nicht als universellen Schlüssel zu Glück, Erfolg und Reichtum verkaufen, denn sie allein schützt dich nicht vor Krankheit und traurigen, schmerzhaften Ereignissen. Doch wenn du an deiner Ausstrahlung und deinem Charisma arbeitest, erlangst du wichtige Erkenntnisse über dich selbst, bekommst möglicherweise eine ganz neue Einstellung zum Leben und wirst dadurch hoffentlich in der Lage sein, Schicksalsschläge besser verarbeiten zu können.

Sagenhaftes Charisma

Anziehungskraft und Charisma hängen so unzertrennlich zusammen, dass die Worte oft auch synonym verwendet werden. In diesem Buch wollen wir Charisma als einen großen und wichtigen Bestandteil der Anziehungskraft betrachten, es aber nicht damit gleichsetzen.

Es steht außer Frage, dass charismatische Menschen eine unwiderstehliche Anziehungskraft besitzen. Ihre besondere Ausstrahlung fasziniert uns. Wir verbinden eine bestimmte Botschaft mit ihnen, vertrauen ihnen, hören ihnen zu, lassen uns von ihnen motivieren und unterstützen sie. Oft genug wird der Name charismatischer Menschen zu einer eigenen Marke. Viele berühmte oder erfolgreiche Persönlichkeiten besitzen Charisma. Denk doch nur einmal an Barrack Obama, Oprah Winfrey oder den Dalai Lama. Welche Menschen wirken auf dich charismatisch?

Natürlich gibt es auch im täglichen Leben Menschen mit Charisma und du bist ihnen garantiert schon mal begegnet. Sicher hast du sofort gespürt, dass diese Person aus irgendeinem Grund außergewöhnlich ist. Solche Menschen bleiben uns im Gedächtnis haften. Sie kommen prima mit ihren Mitmenschen klar, erhellen jeden Raum, den sie betreten, und alle Herzen fliegen ihnen zu – von außen betrachtet erscheint es uns zumindest so. Charismatische Menschen drücken der Welt ihren Stempel auf. Sie sind in der Lage, wichtige Entscheidungen zu treffen. Sie stehen sich selbst nicht im Weg, sondern können innovative Ideen entwickeln, auf die vorher kein anderer gekommen ist. Wo andere mit dem Kopf durch die Wand wollen, öffnen sie eine Tür.

Um diese spezielle Anziehungskraft interessanter Menschen ranken sich viele Mythen und Missverständnisse. Bevor wir richtig loslegen, möchte ich gern mit ein paar davon aufräumen:

Charismatische Menschen sind perfekt.

Falsch. Niemand ist perfekt. Alle Menschen haben und machen Fehler, das gehört zum Menschsein nun mal dazu. Wenn du dir die Lebensgeschichte besonders charismatischer Persönlichkeiten durchliest, wirst du schnell entdecken, wie menschlich sie doch sind. Sie haben Fehler gemacht und sich gestritten, ihre Mitmenschen verletzt, sich unbeliebt gemacht, alles verloren und sich verrannt. Und solche Dinge passieren dir doch auch, nicht wahr? Du bist also auf dem richtigen Weg! Denn letztendlich ist es nicht die glattgeschliffene und weichgespülte Perfektion, die dich für deine Mitmenschen interessant machen wird, sondern deine Ecken und Kanten, deine Individualität – du selbst!

Charisma ist angeboren

Man hat es oder man hat es nicht. Lange Zeit glaubte man, Charisma sei angeboren und könne genauso wenig verändert werden, wie die Farbe der Augen. Doch das stimmt nicht und ist nur eine gute Ausrede, um den eigenen Mangel an Charisma zu entschuldigen.

Schließlich besteht das, was wir als Charisma bezeichnen, aus vielen verschiedenen Verhaltensweisen, die du dir antrainieren kannst. Die Grundausstattung für eine charismatische Persönlichkeit haben wir alle mitbekommen: Wir sind soziale Wesen, wollen kommunizieren und mit anderen in Kontakt treten, wir haben alle eine bestimmte Ausstrahlung und – wir sind die lernfähigsten Wesen dieser Erde.

Charisma kann man nicht erlernen.

Viele Menschen glauben noch immer, dass sie ihre Ausstrahlung und ihre Anziehungskraft nicht beeinflussen können – oder sie verwenden diesen Irrglauben einfach als Ausrede, weil sie nicht die innere Stärke aufbringen die es braucht, um etwas zu ändern oder weil sie ganz einfach neidisch sind auf andere, die es geschafft haben. Lass dich von solchen Aussagen nicht von deinem Ziel abbringen, der Mensch zu sein, der du sein möchtest. Eines Tages wirst du selbst das beste Beispiel dafür sein, dass man Charisma sehr wohl lernen kann.

Viele Menschen haben erstaunliche Wandlungen durchgemacht, indem sie hart an sich gearbeitet und neue, charismatischere Verhaltensweisen erlernt haben. Natürlich hatten die Politiker und Stars, die man hier als Beispiel nennen könnte, Unterstützung von ihren PR-Beratern, Redenschreibern und sonstigen Helfern, doch man schafft es auch ohne teures Coaching. Und schließlich liest du ja dieses Buch dafür!

Charismatische Menschen sind extrovertiert.

Es ist ein Mythos, dass man temperamentvoll, dominant oder abenteuerlustig sein muss, um Charisma zu besitzen. Auch mit einer introvertierten Persönlichkeit kannst du Charisma entwickeln. Du bist ja nicht schüchtern oder unsozial, sondern brauchst einfach nur viel Zeit mit dir allein, um deine Batterien wieder aufzuladen.

Extrovertierte Menschen dagegen ziehen ihre Energie eher aus dem Zusammensein mit anderen. Um charismatischer zu werden, musst du nicht deinen ganzen Charakter umkrempeln – es reicht, ein paar neue Verhaltensweisen in dein Leben zu integrieren. Du musst nichts tun, was dir gegen den Strich geht oder deiner Persönlichkeit nicht entspricht.

Charisma hat auch nichts mit deinem körperlichen Erscheinungsbild, deinem Kontostand, deiner Herkunft oder deinem sozialen Status zu tun. Vielleicht haben es gutaussehende Menschen etwas leichter, Anziehungskraft zu entwickeln, doch umgekehrt macht Charisma dich attraktiver für deine Mitmenschen.

Was also machen charismatische Menschen anders? Was sind ihre Geheimnisse?

1. Sie sind selbstbewusst.

Menschen mit Charisma eint ein unerschütterlich starkes Selbstbewusstsein. Sie wissen, dass sie ein Wesen mit Emotionen, Stärken und Schwächen sind und akzeptieren sich genau so. Sie vertrauen ihren Fähigkeiten, sind sich aber auch bewusst, wo sie noch an sich arbeiten müssen. Sie brauchen keine Bestätigung von anderen Menschen und wissen, dass sie auch mal anecken und es nicht jedem recht machen können. Kritik wirft sie nicht aus der Bahn.

2. Sie sind einfühlsam und interessieren sich für ihre Mitmenschen.

Charismatische Menschen zeigen Empathie. Sie sind in der Lage, sich in andere Menschen hineinzuversetzen und die Dinge aus ihrer Perspektive zu sehen. Wenn jemand sich, aus welchem Grund auch immer, gut fühlt, freuen sie sich mit ihm, ohne neidisch auf das Glück ihres Gegenübers zu sein. Auch wenn es jemandem schlecht geht, sind sie für ihn oder sie da, ohne die Gefühle des anderen zu ignorieren oder zu verurteilen – weil sie fähig sind, *mitzufühlen.*Doch es geht noch weiter.

Attraktive Menschen haben ein echtes Interesse an dem, was andere Leute zu sagen haben, hören ihnen zu und stellen Fragen, ohne dabei anmaßend oder unhöflich zu sein. Sie erinnern sich an Details vergangener Gespräche und sie behandeln Leute, die ihnen untergeordnet sind genauso, wie ihren Chef. Jemand, der höflich zu dir ist, aber die Kellnerin anschnauzt, hat kein Charisma (und ist außerdem nicht besonders nett).

3. Sie sind bescheiden.

Diese Beschreibung klingt schon ein bisschen nach Superman, oder? Aber denk jetzt mal an eine Person in deren Nähe du dich wirklich wohl fühlst. Prahlt sie mit ihren Erfolgen? Hält sie jedem ihr allerneuestes Smartphone unter die Nase und zieht Genugtuung aus dem Neid der anderen? Wie präsentiert sie sich auf Facebook oder Instagram?

Natürlich ist gesundes Selbstvertrauen wichtig, doch es gibt einen kleinen Unterscheid zwischen Selbstbewusstsein und Arroganz und das ist die Bescheidenheit. Möchtest du selbst jemand sein, mit dem andere Menschen gern zusammen sind, dann sei kein Angeber, sondern bescheiden.

4. Sie sind großzügig und selbstlos.

Wenn andere Leute deine Hilfe brauchen, tust du ihnen den Gefallen? Was ist deine Motivation, Dinge für andere Menschen zu tun, sei es ihnen beim Umzug zu helfen oder ihnen Geld zu borgen? Bist du nur deinen Freunden gegenüber großzügig oder auch zu Fremden?

Charismatische Menschen helfen anderen, ohne eine Gegenleistung dafür zu erwarten. Die Freude auf dem Gesicht ihres Gegenübers ist ihnen Lohn genug.

Sie setzen gern ihre Stärken für jemand anderen ein, einfach weil es ihnen Freude macht und nicht weil sie sich irgendwie bereichern wollen. Möchtest du anziehend wirken, dann denk nur daran, was du geben kannst. Hast du dagegen deinen persönlichen Vorteil im Sinn, beweist dies nur, dass die einzige Person, die dir wirklich wichtig ist, du selbst bist.

5. Sie machen sich verletzlich.

Mal ehrlich, wer möchte schon seine gemütliche Komfortzone verlassen und sich damit verletzlich und angreifbar machen?

Verletzlichkeit bedeutet Ungewissheit und bedarf großer Überwindung. Schon klar. Jedes Mal wenn du etwas wagst und dabei das Risiko eingehst, ausgelacht, verurteilt oder kritisiert zu werden, machst du dich angreifbar. Doch wusstest du, dass Menschen, denen ein Missgeschick passiert oder die einen Fehler zugeben viel sympathischer auf ihre Mitmenschen wirken, als jene Personen, die jederzeit perfekt sein wollen? Dieses psychologische Phänomen ist der Prattfall-Effekt und ein gutes Beispiel dafür ist die Schauspielerin Jennifer Lawrence, die bei der Oscar-Verleihung auf dem Weg zur Tribüne stürzte und ihre Ungeschicklichkeit großartig und ohne einen Anflug von Peinlichkeit meisterte. Oscar-Preisträgerinnen sind auch nur Menschen. Wenn du deine Menschlichkeit und deine Unvollkommenheit annimmst, hast du die Sympathien auf deiner Seite. Perfekten Menschen dagegen begegnen wir mit Misstrauen und finden sie nicht sehr nett. Unbewusst wissen wir natürlich, dass niemand perfekt sein kann und wer will schon Zeit mit jemandem verbringen, der nicht echt ist?

7. Sie geben ihrem Gegenüber das Gefühl, großartig zu sein.

Es gibt Menschen, die sonnen sich gern im Rampenlicht. Und es gibt Menschen, denen zwar viel Aufmerksamkeit zu Teil wird, die jedoch lieber andere Personen hervorheben und ihnen dabei das Gefühl geben, interessant und besonders zu sein. Zu welcher Art gehören wohl charismatische Persönlichkeiten?

Menschen mit Charisma stehen zwar meist im Mittelpunkt der Aufmerksamkeit, doch sie verstehen es trotzdem, dass die Menschen in ihrer Umgebung sich wichtig und wahrgenommen fühlen. Sie verteilen Komplimente oder heben die Besonderheiten anderer Menschen hervor – jeder wird schließlich gern gelobt. Nachdem wir mit einer charismatischen Person zusammen waren, fühlen wir uns irgendwie wohler in unserer Haut.

Das ist die Magie des Charismas und es ist verständlicherweise einer der Gründe, warum wir uns von charismatischen Menschen angezogen fühlen.

8. Sie sind präsent.

Wenn du dein Charisma entwickeln willst, kommst du um Präsenz nicht herum. Wir werden uns mit dem Thema noch ausführlicher befassen. Menschen, die Charisma besitzen, ruhen in sich und sind ganz wach, ganz da. Sie richten ihre ungeteilte Aufmerksamkeit auf das, was gerade geschieht und lassen sich nicht so einfach davon ablenken. Auch nicht von einem piepsenden Smartphone, einem plappernden Fernseher oder einem Eichhörnchen, das am Fenster vorbeihuscht. Sie *sind bei der Sache* (diese Redewendung sagt eigentlich schon alles). Menschen mit mangelnder Präsenz stempeln wir unbewusst als unaufrichtig ab – außerdem ist es unmöglich mit jemanden in wirklichen Kontakt zu treten, der nur halb da ist. Von Charisma ganz zu schweigen.

9. Sie haben Humor.

Charismatische Menschen haben Humor, aber sie sind keine Faxenmacher. Und sie sind in der Lage, über sich selbst zu lachen. Den Dingen humorvoll zu begegnen und auch dann nicht die Fassung zu verlieren, wenn mal etwas schiefgeht, ist eine hohe Kunst. Wer im Nachhinein über Peinlichkeiten schmunzeln kann, beweist innere Stärke und wirkt besonders sympathisch.

Alle diese Eigenschaften machen Menschen sympathischer und heben sie aus der grauen Masse hervor. Jeder kann sie umsetzen – auch du!

Was hast du davon, wenn du dein Charisma ausbaust?

Alle Menschen wirken irgendwie auf andere Menschen, das liegt nun mal in der Natur der Sache. Wenn du dir aber der Bedeutung deiner Ausstrahlung bewusst wirst, kannst du sie auch ganz gezielt einsetzen, etwa um Leute von etwas (oder dir) zu begeistern, Freundschaften zu schließen, Geschäftspartner für ein Projekt zu gewinnen oder dein Produkt besser zu verkaufen. Diese Aufzählung könnte man noch eine Weile so weiterführen. Fakt ist: Als charismatische Persönlichkeit erleichterst du dir den Umgang mit anderen Menschen, die dir ihr Vertrauen und ihre Unterstützung schenken werden.

Bevor wir weitermachen, musst du noch zwei Punkte verinnerlichen.

Erstens: Charisma liegt im Auge des Betrachters. Du erzeugst Ausstrahlung, in dem du bestimmte Verhaltensweisen an den Tag legst, doch wie du letztendlich ankommst, hängt von deinem Gegenüber ab.

Das führt uns gleich zu **zweitens:** Du wirst niemals *alle* Menschen für dich begeistern können. Also verabschiede dich gleich von dem Gedanken, es jedem recht machen zu müssen. Das ist nur ermüdend und geht sowieso schief – und jemanden, der als "Everybody's Darling" gilt, nimmt man ganz sicher nicht als charismatisch war. Akzeptiere einfach, dass es immer Menschen geben wird, die dich nicht mögen, andersherum ist es schließlich genauso. Sei mutig und steh zu deiner Einzigartigkeit – die ist nämlich ganz wunderbar.

Charisma kann dir übrigens auch ganz schnell wieder abhanden kommen, wenn du nicht aufpasst und einen der beiden folgenden Fehler begehst:

- Du stehst nicht zu deinen Fehlern oder entschuldigst dich nicht dafür. Erinnerst du dich noch, an Verteidigungsminister Guttenberg? Genau, der mit der gefälschten Doktorarbeit. Vielleicht wäre es ihm besser ergangen, wenn er die Plagiatsvorwürfe gleich zugegeben, sich öffentlich entschuldigt und entsprechende Konsequenzen gezogen hätte, anstatt die Wahrheit nur nach und nach zuzugeben.

und

- Du bezeichnest dich selbst als charismatisch. Das ist ein Qualitätssiegel, das dir nur von anderen Menschen verliehen werden kann, als hüte dich davor, dich selbst damit zu schmücken – Stichwort: Bescheidenheit.

Wie wirkst du auf andere Menschen?

Betrachten wir zunächst deine Ausgangposition: Wie schätzt du derzeit deine Wirkung auf andere Menschen ein? Oftmals weicht nämlich dein Selbstbild stark davon ab, wie dein Umfeld dich sieht. Meinst du, humorvoll und lebhaft zu sein, kommst du vielleicht als albern und unprofessionell rüber. Das liegt daran, dass wir Fremde sofort beurteilen und in eine Schublade stecken (der berühmte erste Eindruck!) und aus der kommen sie nicht so einfach wieder raus.

Indem du ergründest, wie du auf dein Gegenüber wirkst, schaffst du eine Grundlage, auf die du in den folgenden Wochen bauen kannst. Nur wenn du weißt, wo deine Schwächen liegen, kannst du an ihnen arbeiten!

Anfangs scheint es gar nicht so einfach zu sein herauszufinden, welches Bild andere von dir haben. Schließlich kannst du dich nicht selbst treffen.

Allerdings gibt es einen anderen Weg um zu entdecken, welchen Eindruck du bei deinen Mitmenschen hinterlässt – nämlich an ihren Reaktionen auf dein Verhalten. Sicher kennst du den Spruch: "Wie du in den Wald hineinrufst, so schallt es heraus." Wen jemand dich genervt anschnauzt, antwortest du dem Miesepeter auch nicht in deinem freundlichsten Tonfall, oder? Und genauso spiegeln andere Menschen täglich deine Signale wieder. Schau genau hin, schärfe deine Wahrnehmung und du wirst sie erspähen:

- Grüßen dich deine Nachbarn oder deine Arbeitskollegen freundlich und bleiben sogar für einen kurzen Plausch stehen? Oder murmeln sie nur eine hastige Begrüßung und verkrümeln sich rasch?

- Denkst du, dass es wichtig ist, freundlich zu anderen Menschen zu sein? Oder bist du nur dann nett, wenn sie zuerst zu dir nett waren?

- Lästerst du hinter dem Rücken anderer Leute? Dann ist die Wahrscheinlichkeit hoch, dass auch über dich getratscht wird.

- Wenn du einen belebten Fußweg entlang gehst, machst du dir entgegenkommenden Passanten Platz oder weichen sie dir auszuweichen?

- Eine Freundin oder ein Freund schildert dir umfassend ein Problem. Hörst du ihr bzw. ihm zu und versuchst die Situation zu verstehen? Schlägst du eine Lösung vor, ohne dich in die Lage deines Gesprächspartners einzufühlen? Oder schweifen deine Gedanken ab?

- Wie verhältst du dich in Situationen, in denen du auf viele noch unbekannte Menschen triffst? Gehst du auf sie zu und stellst dich vor, oder wartest du, bis sich jemand zu dir gesellt?

- Wie sieht es mit deinem Small Talk aus? Fällt es dir leicht, deinem Gesprächspartner ein Kompliment zu machen oder kommst du lieber ohne Höflichkeitsumwege direkt zur Sache?

- Was ist dir wichtiger: Recht zu haben oder deine Beziehungen weiterzuentwickeln?

- Beharrst du im Straßenverkehr auf deine Vorfahrt oder gibst du auch mal nach?

Letztendlich hängt deine Wirkung auf andere Menschen vor allem davon ab, wie du dich selbst siehst. Wenn du dich in deiner Haut wohlfühlst, dann strahlst du das auch aus.

Erinnere dich an das letzte Kapitel: Du wirst es niemals allen Recht machen können und es wird immer Menschen geben, die dich nicht mögen oder die du nicht magst.

Das zu akzeptieren macht deinen Weg wesentlich einfacher, denn du kannst aufhören, die Hater von dir überzeugen zu wollen und dich lieber an die Menschen richten, denen du sympathisch bist.

Deine Ausstrahlung entfalten.

Stärke dein Selbstbewusstsein!

Ein starkes Selbstwertgefühl und ein tiefes Vertrauen in dich selbst sind absolute Voraussetzung für eine bombastische Ausstrahlung, doch viele von uns haben große Probleme damit. Mach dir also keine Sorgen, wenn es mit deinem Selbstbewusstsein gerade noch nicht so weit her ist – du bist nicht allein. Und schon mit ein paar einfachen Kniffen kannst du dein Selbstbild pushen und sicherer auftreten als je zuvor.

Das elementare Geheimnis eines unerschütterlichen Selbstbewusstseins ist die **Selbstliebe**. Das bedeutet, dass du deine Stärken und Schwächen, all deine kleinen Eigenheiten und Besonderheiten liebevoll annimmst – ganz wie du es auch in der Beziehung zu Freunden, deiner Partnerin oder deinem Partner tust.

Indem du dich selbst so akzeptierst, wie du bist, musst du dich nicht länger nach den Vorstellungen anderer Menschen verbiegen oder ihrer Zuneigung hinterher hecheln. Du lernst, in dir selbst zu ruhen, deinen Fähigkeiten zu vertrauen und dir selbst dein bester Freund zu sein. Mit wenigen kleinen Angewohnheiten kannst du täglich Selbstliebe praktizieren und wirst mit der Zeit ein immer stärkeres Selbstbewusstsein entwickeln.

- Stell dich vor den Spiegel und sieh dir in die Augen. Betrachte dich ohne Kritik zu üben. Lenke deine Aufmerksamkeit auf die Dinge, die du an dir besonders magst. Was macht dich einzigartig?

- Kümmere dich gut um deinen Körper. Schenke ihm ausreichend Bewegung und genug Schlaf, bleib zu Hause, wenn du krank bist und ernähre dich gesund. Dein Körper ist dein Tempel und einen neuen gibt es nicht, also pass gut darauf auf!

- Verbringe Zeit mit dir selbst! Eine Beziehung muss schließlich gepflegt werden, um wachsen zu können. Schaffe ein tägliches Zeitfenster, in dem du – frei von allen Ablenkungen – nur für dich da bist. Erschaffe Rituale, um deine Selbstliebe zu zelebrieren! Geh auf ein Date mit dir!

- Lass Beziehungen, Angewohnheiten und andere Dinge los, die nicht gut für dich sind und gestalte ein Umfeld, in dem du dich wohlfühlst und ganz du selbst sein kannst.

- Hör auf, dich zu vergleichen und lass deinen inneren Kritiker ein für alle Mal verstummen.

So abgedroschen es auch klingen mag, auch eine positive Grundhaltung kurbelt dein Selbstbewusstsein an. **Positives Denken** bedeutet nicht, dass du von nun an Probleme einfach weglächelst oder mit einem dauerhaften Grinsen durch die Welt laufen musst, wenn dir gar nicht danach zumute ist, auch wenn die Lifestyle-Industrie dir das gerne weismachen möchte. In diesem Abschnitt möchte ich dir lediglich zeigen, wie du dir eine optimistischere Lebenseinstellung aneignen kannst, ohne dadurch deine Persönlichkeit zu verleugnen. Fakt ist, dass dein Geisteszustand einen enormen Einfluss auf deine Gefühle, dein Verhalten, deine Entscheidungen und sogar deinen Körper hat.

Viele Magazine und Selbsthilfe-Bücher beschwören die wundersame Kraft der positiven Affirmationen. Doch du kannst dir noch so oft "Ich bin selbstbewusst!", "Ich bin schlank" oder "Ich bin reich" vorsagen – wenn du voller Selbstzweifel, dick oder arm bist, wird die reine Imagination eines erfolgreichen Happy Ends dein Leben nicht auf magische Weise ändern.

Außerdem sind auch die unangenehmen Gefühle, die Ängste, Sorgen und Zweifel ein Teil von dir und du kannst sie nicht einfach ignorieren. Arbeite besser mit positiv formulierten Fragen. Das menschliche Gehirn ist nämlich so konstruiert, dass es automatisch nach Antworten sucht. Also anstelle von "Ich bin selbstbewusst" denkst du "Wie kann ich selbstbewusster werden?". Und schon rattert die Denkmaschine los.

Überwinde deine Angst! Angst macht bewegungslos, frisst deine Energie auf und deine Anziehungskraft gleich mit. Wenn du nur zu Hause sitzt und denkst "Ich schaffe es eh nicht", dann wirst du es auch nicht schaffen, dein Selbstbewusstsein zu stärken. Du musst also einen Weg finden, solche selbsterfüllenden Prophezeiungen zu vermeiden. Und eine gute Strategie ist "Fake it till you make it – Tu einfach so als ob, bis du es kannst". Schlüpf für einen Tag in die Haut einer Person mit starkem Selbstbewusstsein. Du kannst auch so tun, als seiest du eine Berühmtheit, die inkognito unterwegs ist. Anfangs mag es sich komisch anfühlen, aber schon bald erlebst du erste Erfolgserlebnisse, die dein Selbstwertgefühl automatisch stärken und mit der Zeit brauchst du die Ausweichstrategie nicht mehr.

Wenn du oft sehr kritisch zu dir selbst bist und es dir schwer fällt, deine guten Seiten und deine Erfolge anzuerkennen, wird es dir schwerfallen, ein gesundes Selbstvertrauen aufzubauen. Wie willst du Vertrauen in deine Fähigkeiten entwickeln, wenn sie dir nie gut genug erscheinen? Nimm dir einen Moment Zeit und ein Blatt Papier und schreib alles auf, was du bisher erreicht hast. Worauf bist du stolz? Was kannst du besonders gut? Was würdest du tun, wenn du keinerlei Hemmungen hättest? Führe ein Erfolgstagebuch und halte alle deine Erfolgserlebnisse darin fest. Wenn du dich einmal wertlos fühlst, gibt es keinen besseren Ego-Boost, als ein wenig in deinen tollen Leistungen zu schmökern.

Mit deiner Vorstellungskraft kannst du Erstaunliches vollbringen. Wenn du nur oft genug daran denkst, Gitarre zu spielen, wird deine Gehirnaktivität sich so verändern, als ob du tatsächlich ein Instrument in der Hand hältst.

Die **Visualisierung** ist ein wirksames Werkzeug, das aus der Meditation stammt und auch in der Psychotherapie verwendet wird. Sportler verwenden diese Methode, um Bewegungsabläufe zu optimieren oder sich auf einen erfolgreichen Wettkampf zu programmieren. Du kannst die Kraft deiner Gedanken wunderbar darauf verwenden, mehr Ausstrahlung zu erzeugen und dein Selbstbewusstsein aufzubauen. Dazu brauchst du nichts, als etwas Zeit und einen ruhigen

Platz, an dem du ungestört bist. Anschließend denkst du an einen Moment, an dem du dich wirklich selbstsicher gefühlt hast. Rufe dir alle Einzelheiten dieser Erinnerung ins Gedächtnis zurück und sprich alle Sinne an.

Welche körperlichen Empfindungen hattest du? Verbindest du diesen Moment des Selbstbewusstseins mit einem bestimmten Geräusch, Geschmack oder Geruch? Vielleicht auch einem Lied? Während du also das Gefühl des starken Selbstbewusstseins noch einmal so real wie möglich durchlebst, presst du deinen Daumen und Zeigefinger zusammen. Du setzt damit einen Trigger. Mit etwas Übung wird der Trigger allein reichen, das gute Gefühl hervorzurufen, das du während der Visualisierung hattest – etwa in einer Situation, in der starkes Selbstvertrauen gefordert ist.

Visualisierungen können dir hervorragend helfen, wenn ein Ereignis bevorsteht, vor dem du dich fürchtest und das bei dir unangenehme Gefühle hervorruft. Das kann eine wichtige Präsentation vor allen Chefs deiner Firma sein oder auch ein erstes Date, ganz egal. Ruf dir einfach die entsprechende Situation genau vor Augen, etwa so, als würdest du einen Film im Kino sehen. Mal dir alles in den prächtigsten Farben aus. Die gelungene Begrüßung, das erwartungsvolle Lächeln der Zuschauer, dein großartiges Auftreten und ihr stürmischer Applaus.

Lass deine Gefühle zu!

Eine der Eigenschaften besonders anziehender Menschen ist, dass sie Gefühle besonders stark empfinden können. Zeigst du deine Emotionen, macht dich das menschlich und sympathisch. Du bist ausgeglichener und insgesamt ruhiger – eine weitere Charisma-Qualität.

Unterdrückst du deine Gefühle hingegen, brechen sie irgendwann unkontrolliert aus und können dich sogar krank machen. In unserer westlichen Kultur sind als negativ wahrgenommene Empfindungen wie Angst, Schmerz, Trauer oder Scham nicht willkommen. Darum fällt es uns auch so schwer, mit ihnen umzugehen. Dabei gehören solche Emotionen zum Leben als Mensch untrennbar dazu und du bist mit ihnen wirklich nicht allein. Andere Menschen haben vor dir so gefühlt, gerade jetzt empfinden viele Menschen so wie du und in Zukunft wird es nicht anders sein. Diese Vorstellung kann sehr tröstlich sein und entdramatisiert emotionale Krisen höchst wirkungsvoll.

Manchmal ist auch gar nicht das unangenehme Gefühl selbst das Problem, sondern das schlechte Gewissen, das wir deswegen haben. Ein praktisches Werkzeug ist die "Verantwortungsübertragung". Diese Technik wurde von der Charisma-Expertin Olivia Fox Cabane entwickelt und arbeitet ebenfalls mit Visualisierung. Sie hilft dir dabei, mit Sorgen und Stress besser umzugehen und funktioniert so:

- Setz dich oder leg dich hin, entspanne dich und schließe deine Augen.

- Atme zwei-, dreimal tief ein und aus. Stell dir vor, wie die frische, saubere Luft bis in deinen Schädel strömt und beim Ausatmen alle Sorgen und Ängste mit sich hinaus nimmt.

- Wähle eine höhere Instanz, die am ehesten deinen Überzeugungen entspricht und die für dich wohlwollend und gütig ist. Das kann Gott sein, das Universum, das Schicksal oder die Lebenskraft, ganz egal.

- Stell dir vor, wie du alles, was dich momentan belastet, von deinen Schultern nimmst und ihn der gütigen Instanz deiner Wahl aufbürdest. Nun ist sie dafür verantwortlich.

- Visualisiere so konkret wie möglich. Wie fühlt es sich an, wenn die Last von deinen Schultern weicht? Jetzt liegt es nicht mehr an dir, wie diese Dinge ausgehen werden. Du kannst den restlichen Tag in vollen Zügen genießen!

Diese Technik ist besonders dann hilfreich, wenn du in Gedanken immer wieder ein Problem oder einen bevorstehenden Termin durchexerzierst und dadurch nicht zur Ruhe kommst. Gib die Verantwortung ab, du musst nicht alles allein tragen.

Optimiere deine äußere Erscheinung!

Natürlich ist gutes Aussehen nicht alles. Aber es hängt viel davon ab. Deine Ausstrahlung wird ganz entscheidend von deiner "Verpackung" beeinflusst und umgekehrt ist es genauso. Trägst du deine Lieblingsklamotten, dann bist du auf einmal viel selbstbewusster und anziehender, als in einer zu engen Hose oder einem kratzenden Pulli. Mehr noch: Wenn du unbequeme Kleidung trägst, fühlst du dich unwohl und das ist deutlich zu erkennen. Auf dein Gegenüber mag das aber schnell verwirrend wirken, da er oder sie nicht weiß, warum du dir ständig am Kragen herumnestelst oder auf dem Stuhl hin und her rutschst. Darum ist es wichtig in Situationen, in denen du besonders selbstbewusst erscheinen möchtest (zum Beispiel bei einem Vorstellungsgespräch oder Rendezvous), Sachen zu tragen, die perfekt passen und in denen du dich rundum wohlfühlst. Auch mit einem neuen Haarschnitt oder einfach nur frisch geduscht, hast du ein ganz anderes Körpergefühl und damit eine viel anziehendere Ausstrahlung!

Mit Kleidung und Accessoires kannst du eine Menge ausdrücken. Ein Mensch, der seinen eigenen Stil gefunden hat und ihn kompromisslos auslebt wirkt viel anziehender, als jemand, der jedem neuen Modetrend hinterher läuft.

Finde den Mut, deinen eigenen Stil entwickeln und mach ihn zu deinem Markenzeichen! Ein einziges Kleidungsstück kann ausreichen, um einen Menschen zur Marke zu machen – Olaf Schuberts Pullunder zum Beispiel.

Die Körpersprache

Stell dir bitte eine Situation vor, in der du garantiert schon einmal warst: Ein dir noch unbekannter Mensch stellt sich dir vor. Was fällt dir zuerst auf? Die Stimme? Die Haltung? Seine Kleidung?

Dein Gehirn sammelt rasend schnell Informationen, denn für den berühmt-berüchtigten ersten Eindruck braucht es nur eine Zehntelsekunde. Dabei achtest du unbewusst auf zwei Eigenschaften: die Vertrauenswürdigkeit deines Gegenübers und seinen sozialen Status. Wie du sie letztendlich einschätzt, hängt zu einem Großteil von dem äußeren Erscheinungsbild der anderen Person, ihrer Kleidung und ihrer Gestik sowie dem Klang ihrer Stimme ab. Die Worte selbst sind beinah nebensächlich. Evolutionär gesehen ist die verbale Kommunikation noch jung, während die Verständigung über Signale, Gesten und Mimik sehr viel tiefer in unserem Instinkt verankert ist und darum auch eine viel stärkere Wirkung auf uns hat.

Ob deine Mitmenschen dich als charismatisch empfinden oder nicht, beruht auch auf der Art und Weise, wie du mit ihnen kommunizierst. Wir erinnern uns, Charisma ohne ein Gegenüber gibt es schließlich nicht. Doch charismatische Kommunikation ist weit mehr als nur Sprache. Ein Redner kann mit noch so exzellenten Formulierungen und glasklaren Argumenten arbeiten, wenn er dabei nur stocksteif am Pult steht und über das Publikum hinweg ins Leere starrt, wird ihm rasch niemand mehr zuhören – weil er keine anziehende

Ausstrahlung hat und mit seiner Haltung missverständliche Signale sendet.

Zunächst wollen wir uns mit den nonverbalen Komponenten der zwischenmenschlichen Verständigung beschäftigen: Der Mimik und Gestik, den Augen und der Stimme. Kurz: Der Sprache deines Körpers.

Deine allererste Lektion ist es, in den kommenden Tagen auf die Körpersprache deiner Mitmenschen zu achten. Das kannst du immer und überall tun: Im Supermarkt, an der Bushaltestelle, beim Friseur oder in der Fußgängerzone. Belebte Orte sind natürlich am besten für deine Studien geeignet. Sensibilisiere deine Wahrnehmung, egal ob du mit Menschen sprichst oder nur stiller Beobachter bist. Welche Signale senden sie? Lösen sie bestimmte Gefühle bei dir aus? Und wie reagierst du darauf? Wenn du dich intensiv mit Körpersprache befasst, lernst du nicht nur dich selbst, sondern auch die anderen Menschen besser verstehen und kannst intensiver mit ihnen kommunizieren als zuvor.

Ein wirklich guter Beobachtungsort ist das Theater. Die Schauspieler benutzen bei ihrem Spiel auf der Bühne übertriebene, *theatralische* Gesten, um die verschiedensten Gefühle wirkungsvoll darzustellen. Welche kannst du erkennen?

Gleichzeitig hast du die Möglichkeit, dein eigenes Verhalten genauestens zu analysieren. Achte während deines Alltags immer wieder auf deine eigene Gestik.

Was machen deine Hände, wenn du dich unwohl fühlst? Hast du Ticks und Gesten, die du unbewusst immer wieder machst? Wohin wandert dein Blick, wenn du nachdenkst?

Deine Körpersprache besteht aus unglaublich vielen Signalen, die du unmöglich alle willentlich steuern kannst. Oder warst du dir in den letzten fünf Minuten bewusst, wie oft du geblinzelt hast, was deine Zehen gerade machen oder welche Stellung deine Augenbrauen haben?

Du wärest komplett überfordert. Darum übernimmt dein Unterbewusstsein auch diese Aufgabe für dich und das kannst du zu deinen Gunsten umprogrammieren.

Wie das funktioniert, damit beschäftigen wir uns später noch. Für den Moment genügt es zu wissen, dass es möglich ist. Deine Gestik wird genauso von deiner aktuellen Gefühlslage beeinflusst und teilt aller Welt mit, wie es dir gerade geht. Willst du beispielsweise ein Produkt verkaufen, das du eigentlich blöd findest, dann zeigt deine Körpersprache das mit allerkleinsten mimischen Veränderungen. Ein aufmerksamer Beobachter nimmt diese wahr und bleibt mit dem *Bauchgefühl* zurück, dass irgendetwas nicht stimmt. In einem solchen Fall neigen wir dazu, eher der nonverbalen als der gesprochenen Botschaft zu glauben. Ein gutes Beispiel dafür ist der Unterschied zwischen einem echten und einem aufgesetzten Lächeln: Bei einem falschen Lächeln wandern lediglich die Mundwinkel nach oben, die gesamte Augenpartie bleibt jedoch unverändert. Ist das Lächeln echt, entspannen sich die Augenbrauen und senken sich etwas über der Nasenwurzel ab. Die Unterschiede sind minimal, werden jedoch deutlich, wenn du dir ein Foto eines "sozialen"

Lächlers ansiehst und abwechselnd die Augen- oder die Mundpartie abdeckst. Und doch nehmen wir sie sofort wahr, auch wenn wir in dem Moment gar nicht genau sagen können, was genau dieses undefinierbare Gefühl auslöst.

Halte dich aufrecht!

Für eine charismatische Ausstrahlung brauchst du erst einmal eine klare Haltung. Die hat nämlich viel damit zu tun, welchen Status du hast und wie viel Autorität man dir zugesteht. Ruhige Bewegungen, entspannte Schultern und ein ruhiger Blick erzählen von einem hohen sozialen Status und Macht.

Ruckartige Bewegungen, verborgene Hände und hochgezogene Schultern signalisieren dagegen einen niedrigen Status. Die Sozialpsychologin Amy Cuddy fand heraus, dass eine energetische und machtvolle Körperhaltung den Testosterongehalt im Blut ansteigen lässt, während das Stresslevel sinkt. Sie teilte 42 Versuchspersonen in zwei Gruppen auf. Die eine Hälfte nahm zwei Minuten lang verschiedene "Hochstatus-Posen" ein: Sie verschränkten die Arme hinter dem Kopf, lehnten lässig am Tisch oder legten die Füße darauf ab. Die zweite Gruppe dagegen begab sich genauso lange in Haltungen, die einen niedrigen Status symbolisieren: Sie saßen mit den Händen im Schoß in gebeugter Haltung und verschränkten Arme und Beine. Allen Versuchsteilnehmern wurde vor und nach diesen zwei Minuten Blut abgenommen. Die Hochstatusgruppe wies einen erhöhten Testosterongehalt auf, während sich der Anteil des Stresshormons Cortisol verringerte – in der Niedrig-Status-Gruppe war es genau umgekehrt.

In weiteren Tests zeigten sich klare Verhaltensunterschiede zwischen den beiden Gruppen: Die Hochstatus-Gruppe erwies sich als deutlich risikofreudiger und selbstbewusster. Dieses Experiment ist ein wirklich eindrucksvolles Beispiel für die starke

Wirkung die unsere Körpersprache nicht nur auf andere, sondern auch auf uns selbst hat.

Leg dir eine Heldenpose zu, mit der du Energie und Lebensfreude versprühst. Verwende Visualisierungstechniken, um deinen Körper mit Charisma zu fluten, bis du dich wach und kraftvoll fühlst.

Übe das Spiel mit Status und Autorität, indem du bewusst Raum einnimmst. Geh schwungvoll eine belebte Straße entlang und konzentriere dich darauf, auf deiner Spur zu bleiben, ohne anderen Passanten auszuweichen. Achte genau darauf, wie sich jede einzelne Begegnung anfühlt und welche Körperhaltung du einnimmst. Wie löst du die Situation, wenn jemand keinen Platz macht?

Deine Körperhaltung ändert sich natürlich, je nachdem wie du dich fühlst. Wenn du müde bist, bewegst du dich anders, als wenn du freudig zum Treffpunkt mit deiner besten Freundin oder deinem besten Freund eilst. Gehe einmal im Raum herum und versetze dich in die verschiedensten Gefühlszustände: müde, traurig, spät dran, euphorisch, hungrig, verliebt... Wie ändern sich deine Schritte, dein Gang, deine Arm- und Kopfhaltung und dein Tempo?

Finde deinen Standpunkt.

Viele Menschen stehen beim Reden nicht still, egal ob im Zweiergespräch oder wenn sie einen Vortrag halten. Sie tänzeln hin und her, lehnen sich an der Wand an oder stützen sich auf einen Stuhl. Das kommt nicht nur hektisch rüber, sondern wirkt wenig vertrauenerweckend und unstet. Finde den Mut, stehen zu bleiben, zumindest die ersten drei Minuten lang. Danach darfst du dich bewegen, doch immer wenn du einen weiteren wichtigen Punkt ansprichst, bleibe erneut stehen. Auf diese Weise verleihst du deinen Worten Nachdruck und wirkst selbstbewusst. Probier es aus und du wirst staunen, wie viel deine Ausstrahlung durch diesen simplen Trick dazugewinnt.

Zeig her deine Hände!

Sichtbare Hände sind für eine charismatische Körpersprache unverzichtbar. Wenn du vor Menschen sprichst und dabei deine Hände oder besser noch deine Handflächen zeigst, werden sie dir eher vertrauen, als wenn du deine Hände versteckst. Gleichzeitig kannst du deine Hände verwenden, um das Gesagte zu betonen und sie dienen dir als Gedächtnisstütze, wenn du mal den Faden verlierst. Besonders Politiker sind sich der Macht der Handgestik bewusst und haben ihre Lieblingsgesten – allen voran steht natürlich Angela Merkel mit ihrer legendären Merkel-Raute. Sieh dir bei YouTube Videos wichtiger Politiker an und achte ganz genau auf ihre Handhaltung. Ein paar Basics wirst du sicher schnell erkennen:

- Die Arme sind angewinkelt und die Hände aneinandergelegt, doch nur die Fingerspitzen berühren sich leicht: Eine gute Geste, um Argumente vorzutragen und dabei kompetent zu wirken.

- Die Arme hängen herab und die Finger sind vor dem Unterleib verschränkt: Abweisende Geste, die Unsicherheit ausdrückt.

- Die Hände sind leicht erhoben, die Finger gespreizt, Daumen und Zeigefinger weit voneinander entfernt, Handfläche weist nach oben oder unten (etwa so, als würde der Redende einen imaginären Ball halten): Typische Rednergeste, die Autorität, Zuversicht und Stärke ausdrückt.

Deine Gestik ist so individuell wie du selbst. Mit den folgenden Tipps kannst du rasch Fortschritte machen:

- Lass deine Hände nie ganz fallen, sondern halte sie immer oberhalb der Gürtellinie. Je höher du die Hände hältst, desto positiver wirst du wahrgenommen.

- Deine Gestik darf ruhig raumgreifend sein, aber denk daran: Weniger ist mehr.

- Eine Hand ist dominant, die andere verwendest du nur bei besonderen Akzenten.

- Lass deine Hände mitreden und deine Worte verbildlichen und zwar so natürlich wie möglich.

- Versteck die passive Hand aber nicht in der Hosentasche! Je nach Situation mag diese lässige Geste auch gestattet sein, achte am besten darauf, wie dein Gesprächspartner reagiert. Scheint es ihm zu missfallen, hole die Hand aus der Tasche.

- Verschränke die Arme nicht vor dem Bauch oder der Brust, das wirkt unsicher und abweisend. Lass deine Gestik nach vorne streben, dann nimmt man dich als fortschrittlich und dynamisch wahr.

Eine amüsante Zusammenstellung verschiedener Rednergesten findest du auf dem Blog *criticalhandgestures.tumblr.com*. Viel Spaß beim Ausprobieren!

Aufgepasst! Körpersprache ist nicht international gleich. Eine harmlose Geste in Deutschland kann in einer anderen Kultur eine schwere Beleidigung sein oder zu komplizierten Missverständnissen führen. Informiere dich besser, bevor du verreist, um peinliche Zwischenfälle zu vermeiden.

In der Ruhe liegt die Kraft.

Ruhige, entspannte Bewegungen verleihen dir eine charismatische Ausstrahlung. Langsamkeit ist attraktiv, signalisiert Selbst-Sicherheit und schafft Vertrauen. Je mehr dein Selbstvertrauen wächst, desto leichter wird es dir fallen, eine Aura von Ruhe und Konzentration um dich zu schaffen. Andere Menschen werden sich in deiner Gegenwart wohlfühlen, weil du einen entspannenden Gegenpol zu unserer stressigen Welt bildest. Ruhe hat auch viel mit Präsenz zu tun. Ist jemand dagegen hektisch und nervös, nehmen wir ihn eher als inkompetent oder wenig vertrauenswürdig wahr.

Natürlich darfst du nervös sein, etwa vor einer wichtigen Präsentation oder sonst einem Ereignis, bei dem du vor Menschen sprechen wirst und aller Aufmerksamkeit auf dich gerichtet ist. Lampenfieber ist normal und menschlich und wenn doch einmal etwas schiefgeht, dann nimm der Peinlichkeit mit Humor den Wind aus den Segeln. Du kannst dir ein ruhiges Auftreten antrainieren, indem du alles, was du tust, ganz bewusst zu verlangsamen. Multi-Tasking schön und gut, doch wenn du alles gleichzeitig machst, ist die Wahrscheinlichkeit höher, dass du einen Fehler machst. Erledige die Dinge also nacheinander.

Bist du innerlich ruhig und gefasst, dann wird sich das in deiner Körpersprache äußern. Baue also immer wieder kleine Oasen in deinen Alltag ein, in denen du dein Smartphone, den Laptop und alle Ablenkungen beiseite legst und zur Ruhe kommst.

Nimm Blickkontakt auf.

Stell dir vor wie es ist eine Unterhaltung mit jemandem zu führen, dessen Blick permanent im Raum umhergeistert, ohne dich wirklich anzusehen.

Fühlt sich das nicht so an, als sei dein Gesprächspartner auf dem Sprung und würde nur auf jemanden warten, der interessanter bist, als du? Ein Mensch der sich so verhält, ist nicht besonders charismatisch, stimmt's?

Nicht nur die Bewegungen deines Körpers sind für eine magnetische Anziehungskraft entscheidend, sondern auch, was du mit deinen Augen anstellst. Möglicherweise sind ausdrucksstarke Blicke sogar der wichtigste Bestandteil der nonverbalen Kommunikation überhaupt. Nicht umsonst bezeichnen wir die Augen als die "Fenster zur Seele". Sie sind schließlich der beweglichste Teil des menschlichen Gesichts und gerade deswegen so ausdrucksstark. Mit nur einem Blick kannst du jemanden auf dich aufmerksam machen, Interesse (oder Desinteresse) und Empathie zeigen, und sogar leidenschaftliche Gefühle wecken.

Kennst du das Experiment des Dr. Aron, bei dem zwei wildfremde Menschen einander 36 vorformulierte Fragen stellen, und sich dabei ineinander verlieben? Nun, der intimen Fragerunde folgt ein vierminütiger Blickkontakt – und der dürfte für den erfolgreichen Ausgang des Experiments mehr als entscheidend sein.

Die Wissenschaftlerin Helen Fisher erklärt, dass ein intensiver Blickkontakt den Herzschlag beschleunigt und zur Ausschüttung des Hormons Phenethylamin führt, einem Stoff der auch als "Liebeshormon" bezeichnet wird. Unterschätze also niemals die Macht eines intensiven Blickkontakts!

Ein umherwandernder Blick, aber auch eine hohe Blinzelfrequenz wirkt unkonzentriert und nicht besonders beeindruckend. Für wahre Anziehung musst du lernen, deinen Blick ruhen zu lassen. Wenn du das nächste Mal mit jemandem sprichst, versuche die Augenfarbe deines Gegenübers wahrzunehmen. Diese kleine Übung kannst du also sofort umsetzen.

Mangelnder Blickkontakt hat oft zwei Gründe: Schüchternheit und fehlende Präsenz. Der Schüchternheit kannst du mit wachsendem Selbstbewusstsein begegnen. Aber noch wirksamer ist die folgende Methode, mit der du beide Hindernisse auf einmal überwinden kannst: Fühle dich in die körperlichen Empfindungen hinein, die die Situation in dir hervorruft. Wenn du dich leicht ablenken lässt, dann wird dieser Kniff dir helfen, deine Gedanken im gegenwärtigen Moment zu behalten. Hattest du bisher Probleme damit, anderen Menschen in die Augen zu sehen, dann *übe* zunächst mit Familienmitgliedern und Freunden. Achte darauf, dass du sie nicht anstarrst oder ihnen dein Blick unangenehm wird.

Deinem Gesprächspartner tief in die Augen zu schauen, reicht noch nicht, um anziehend auf sie oder ihn zu wirken – ist dein Blick starr, kommst du leicht unheimlich rüber. In der westlichen Welt wird ein tiefer Blickkontakt von etwa drei Sekunden als angenehm empfunden, alles darüber als aufdringlich. Du musst also nicht permanent in den Augen deines Gegenübers versinken, du kannst zwischendurch auch seinen Nasenrücken fixieren. Und: Wechsele nicht zwischen den Augen hin und her. Hast du dich für eine Seite entschieden, dann bleib dabei.

Zum Schluss noch ein paar Tipps für die passende Kontaktaufnahme per Blick:

- Mit einem offenen Blick und einem leicht angedeuteten (echten!) Lächeln deutest du Sympathie und Interesse an.

- Ein kurzes Anheben der Augenbrauen bekundet Freude über die Kontaktaufnahme.

- Streifen sich die Blicke nur flüchtig, wird das eher als Desinteresse wahrgenommen.

- Und hier die möglichen Reaktionen darauf:

- Dein Gegenüber senkt den Blick oder erwidert den Blickkontakt nicht? Dann besteht momentan kein Interesse an einer Kontaktaufnahme.

- Ein schiefer Blick signalisiert Zurückhaltung bis Ablehnung.

- Hat das Objekt deines Interesses den Blick gesenkt oder lässt die Augen umherschweifend, ist er oder sie wahrscheinlich unsicher.

- Schaut er oder sie dagegen demonstrativ weg, handelt es sich um eine klare Ablehnung.

Übung macht den Meister

So wie eine Geigerin jeden Tag übt, um in Form zu bleiben, wirst auch du von nun an täglich auf deine Körpersprache achten. Du kannst das Training bequem in deinen Alltag integrieren. Hier noch einmal die wichtigsten Punkte im Überblick:

- Achte bewusst auf die Körpersprache anderer Menschen und welche Reaktionen sie bei dir auslöst.

- Übe deine aufrechte Haltung, deinen charismatischen Gang und deine Kopfhaltung.

- Wie verhältst du dich in Gesprächen? Probiere neue Gesten aus und trainiere den Blickkontakt.

- Lege viel Wert auf eine ruhige Ausstrahlung und vermeide es, abgehetzt oder nervös zu wirken.

Du wirst sehen wie viel Spaß es macht, sich mit Körpersprache zu beschäftigen und auch schnell die ersten Erfolge registrieren.

Charismatisch reden und zuhören

Mit deinem Körper sendest du starke Botschaften aus, ohne ein einziges Wort zu sagen. Mit deiner Haltung allein kannst du eine Aura der Anziehung um dich herum schaffen. Der nächste Schritt ist nun die verbale Kommunikation, denn sprachliche Inhalte und Intonation dürfen in deinem charismatischen Gesamtbild nicht fehlen.

<u>Sei ein guter Zuhörer!</u>

Gut zuhören zu können ist eine Fähigkeit, die dein Charisma ordentlich ansteigen lassen wird und die jeder, dem man eine magnetische Ausstrahlung nachsagt, beherrscht.

Alle Menschen reden gern. Wenn du ihnen zuhörst, gibst du ihnen das Gefühl, interessant zu sein und mit jemandem sprechen zu können, der sie wirklich versteht. Das schafft Vertrauen. Als guter Zuhörer kannst du deine Mitmenschen tief beeindrucken – ohne etwas zu sagen.

Kernelement des guten Zuhörens ist die **Präsenz**. Du musst dazu bereit sein, deinem Gesprächspartner deine ungeteilte Aufmerksamkeit zu schenken und dich auf das zu konzentrieren, was er oder sie zu sagen hat. Wenn du dich leicht ablenken lässt, dann schaffe eine möglichst störungsfreie Umgebung: Schalte dein Mobiltelefon aus (oder stelle es wenigstens stumm) und arrangiere das Treffen an einem ruhigen Ort. Ist der Treffpunkt beispielsweise ein Café, dann wähle einen Platz möglichst weit weg von der Tür oder anderen Ablenkungsquellen, etwa einem laufenden Fernseher.

Unterbrich dein Gegenüber nicht! Das ist ein absolutes Tabu für jeden charismatischen Zuhörer und sei es nur, um Begeisterung oder Zustimmung zu äußern. Und reduziere "zuhören" bitte nicht auf "warten, bis der andere fertig geredet hat". Selbst wenn der andere über ein Thema spricht, dass du langweilig findest, darfst du nicht einfach mit deinen Gedanken abschweifen – darin besteht die eigentliche Herausforderung des Zuhörens.

Wenn du merkst, dass dein Geist zu wandern beginnt, hole ihn zurück, indem du dich kurz auf körperliche Empfindungen, wie etwa deinen Atem, konzentrierst. Solltest du ungeduldig werden, weil der Sprecher gar nicht auf den Punkt kommt, dann lenke deine Aufmerksamkeit darauf, wie sich dieses Gefühl körperlich bemerkbar macht. Anschließend wendest du dich wieder den Äußerungen deines Gesprächspartners zu. Andersherum solltest du als charismatisch kommunizierender Mensch ein Gespür dafür entwickeln, dich unterbrechen zu lassen, wenn du gerade sprichst. Redest du gerade und merkst, dass der andere etwas sagen möchte, so kürze deinen Satz rasch ab und lass ihn zu Wort kommen. Mach es zu deiner Mission, deinem Gesprächspartner ein gutes Gefühl zu vermitteln.

Effektvolle Pausen kannst du nicht nur als Sprechender, sondern auch als Zuhörer einlegen. Beendet dein Gegenüber seinen Part oder stellt dir eine Frage, warte einen kurzen Moment, bevor du das Wort ergreifst. Zeige mit deiner mimischen Reaktion, dass du verstanden hast, worum es geht. Pausen sind ein Stilmittel mit großer Wirkung, auch wenn du vielleicht erst lernen musst, sie richtig einzusetzen. Nicht jedem behagt das kurze Schweigen. Bist du mutig genug, es auszuhalten, führt das zu einer besseren Kommunikation, in der sich die Gesprächspartner verstanden fühlen und es wagen, mehr von sich preiszugeben.

Zeige deinem Gegenüber, dass du dich für seine Ausführungen interessierst. Aber bitte nicht, indem du alle fünf Sekunden "mh" oder "ja" sagst, denn das ist auf Dauer ziemlich nervtötend.

Nutze deine Körpersprache, um dein Interesse zu zeigen: Wende dich dem anderen zu und sieh ihm in die Augen. Vermeide es, die Arme zu verschränken oder die Beine zu überschlagen und bewahre eine offene Körperhaltung.

Indem du die Mimik und Gestik des Sprechenden **absichtlich spiegelst**, erscheinst du in seinen Augen sympathisch, vertrauenerweckend, ja sogar attraktiv. Diese Reaktion auf die Nachahmung der Körpersprache nennt man *limbische Resonanz* und sie ist auch dafür verantwortlich, dass Gähnen ansteckend ist. Möchtest du den Redefluss deines Gegenübers mehr erfahren und ihn dazu ermutigen, sich dir zu öffnen, ist die Spiegelung dein Mittel der Wahl: Ahme die Haltung des Kopfes, der Arme und Beine nach. Bewegt der andere den rechten Fuß, bewegst du den linken. Passe auch dein Sprechtempo, Lautstärke und Intonation an die Redeweise deines Gesprächspartners an.

Während du zuhörst, hast du Gelegenheit, die **Gefühle** der anderen Person **wahrzunehmen** und entsprechend darauf zu reagieren. Achte dabei – du ahnst es schon – nicht nur auf das Gesagte, sondern auch auf die Körpersprache des anderen. Wenn du die Spiegeltechnik anwendest, wird es dir leichter fallen, sich in dein Gegenüber hineinzuversetzen und du kannst seine Gefühle besser verstehen.

Ein guter Zuhörer zeichnet sich nicht nur dadurch aus, dass er seinen Gesprächspartner ausreden lässt, er reagiert auch in angemessener Weise auf das Gesagte. Höre mit offenem Herzen zu und bleibe unvoreingenommen. Vermeide es, dem anderen eine fertige Lösung zu präsentieren, ihn für seine Worte zu verurteilen oder seine Erfahrungen mit deinen eigenen zu vergleichen.

Zeige lieber Empathie und Mitgefühl. Achte darauf, nicht zu viel über dich selbst zu reden und nimm dir Zeit dafür, die Dinge aus der Perspektive des anderen zu sehen und Verständnis zu entwickeln. Man wird dich dafür schätzen und dich gern zum Gesprächspartner haben.

Die Faustformel für ein gutes Verhältnis aus Sprechen und Zuhören ist schon fest an dir verankert: Du hast mehr Ohren als Augen. Höre also mehr zu, als dass du selbst redest.

Charismatisch sprechen

Charismatische Redner sind deshalb so gut, weil sie in ihren Zuhörern Gefühle erzeugen. Sie können sie anstacheln, motivieren, gegen jemanden aufbringen, zu Tränen rühren oder in unbändiges Lachen ausbrechen lassen. Egal was sie sagen, es macht Spaß ihnen zuzuhören.

Das liegt daran, dass sie außergewöhnliche viele Metaphern nutzen. Hör dir einfach mal ein paar Reden von Barack Obama oder Bill Clinton an und achte bewusst auf ihre Wortwahl. Einer bildhaften Sprache können wir besser folgen, weil unser Gehirn Bilder liebt und sie abspeichert. Das Gesagte bleibt im Gedächtnis haften. Charismatiker verstehen es auf großartige Weise, Geschichten zu erzählen. Hast du schon mal jemanden reden hören und warst beinah traurig, als es vorbei war?

Auch du kannst ausdrucksstark reden und damit der Mittelpunkt der Party werden. Du musst nicht mal ein großer Rhetoriker dafür werden (obwohl das nicht schaden kann). Für den Anfang reicht es, wenn du die folgenden Regeln verinnerlichst.

- Rede nicht um den heißen Brei herum, sondern drücke dich klar aus. Nutze die Kraft handlungsorientierter Sprache, um zu motivieren. Also nicht "Man sollte mehr lesen", sondern "Lasst uns öfter in Büchern schmökern".

- Vermeide passive Formulierungen ("Die Verkaufszahlen sind gestiegen") und ersetze sie durch aktive, positive Sätze ("Wir haben in diesem Jahr mehr Produkte verkauft!").

- Wecke positive Assoziationen, indem du klangvolle Wörter wie "phantastisch", "traumhaft" oder "wundervoll" verwendest und sie besonders sorgfältig (aber nicht überbetont!) aussprichst.

- Lass es nie zu, dass deine Zuhörer sich bloßgestellt oder fehlerhaft fühlen. Sie werden dieses unangenehme Gefühl mit deiner Person assoziieren.

- Wende dich direkt an deine Zuhörer und sprich sie direkt an. Vermeide es, zu oft "ich" zu sagen – ersetze es durch "wir" und vermittle den anderen das Gefühl, ein Teil vom großen Ganzen zu sein.

- Kleine Anekdoten wecken Sympathie und halten das Interesse deiner Zuhörer wach. Beweise (Selbst-)Humor oder erzähle eine kurze Story über ein Missgeschick – das macht dich menschlich.

- Lege kurze Pausen ein, anstatt "ähm" zu sagen. Pausen sind sowieso großartig, um Spannung zu erzeugen und die Aufmerksamkeit deiner Zuhörer zu gewinnen.

- Beim richtigen Publikum sammelst du mit regionalen Redewendungen oder einer leichten Dialektfärbung Bonuspunkte.

- Nutze Metaphern, die möglichst alle fünf Sinne ansprechen und wähle sie sorgfältig und dem Anlass entsprechend aus.

- Sprich langsam und deutlich! Strahle dabei Ruhe und Freundlichkeit aus. Wenn du nicht lächeln willst, dann genügt es oft schon, dir ein Lächeln vorzustellen.

- Notiere dir besonders gute Ausdrücke sofort, wenn sie dir einfallen oder über den Weg laufen. So vergisst du sie nicht.

Ein ganz starkes rhetorisches Mittel ist die dreifache Wiederholung, denn sie wirkt besonders einprägsam. Mehr als drei Elemente können wir uns oft nicht merken. Für Werbetexter ist das kein Geheimnis: In beinah jeder Reklamesendung wird dir ein Dreiklang begegnen. Drei vermittelt Abgeschlossenheit und Vollständigkeit.

Verneinungen sind ebenfalls unpassend, denn damit erreichen wir oft das Gegenteil und senden negative Botschaften aus. Sag besser: "Es verschafft dir einen Vorteil ", als: "Es ist nicht zu deinem Nachteil". Bei aller positiven Sprache kannst du natürlich trotzdem noch nein sagen, denn wer immer nur bejaht, wird leicht ausgenutzt und nicht mehr für voll genommen. Wenn du also jemandem eine Absage erteilen musst, dann geh behutsam vor. Entschuldige dich dafür, dass du zum Beispiel keine Zeit hast und schlage im gleichen Atemzug einen Alternativtermin vor.

Als Person mit Charisma darfst du eins **niemals** tun: Tratschen. Wenn du über abwesende Menschen hinter ihrem Rücken lästerst, machst du dich unbeliebt und riskierst, dass man über dich ebenfalls Gerüchte verbreiten wird. Möchtest du das?

Der Inhalt des Klatschs wird außerdem unweigerlich auf dich übergehen. Erzählst du Herrn Müller, dass Frau Schmidt immerzu lügt, dann traut er dir das auch zu.

Anziehend wirkende Menschen vermitteln anderen das Gefühl, die wichtigste Person im Raum zu sein. Das erreichst du durch gutes Zuhören und Präsenz, aber auch durch aufrichtiges Interesse an deinem Gegenüber.

Stell dir einfach vor, der andere ist in Wahrheit eine berühmte Persönlichkeit, die du schon immer mal treffen wolltest. Gleich schenkst du ihm mehr Aufmerksamkeit und das wird er auch merken. Selbst wenn dein Gegenüber über ein Thema schwadroniert, dass du langweilig findest, kannst du durch geschickt gestellte Fragen dein Interesse bekunden. Der andere wird sich freuen, reden zu dürfen und dieses gute Gefühl langfristig mit dir verbinden. Und im besten Fall lernst du sogar was dabei.

Übung macht den Meister! Natürlich ist auch die Rhetorik eine Kunst, die du erlernen kannst und du wirst staunen, wie schnell du Fortschritte machen wirst. Lasse keine Gelegenheit aus, vor anderen zu sprechen – jedes Mal wirst du ein bisschen besser!

Der Ton macht die Musik

Alles begann mit dem italienischen Politiker Umberto Bossi, der im Jahr 2004 einen Schlaganfall erlitt und sich mehrere Jahre lang aus dem politischen Leben zurückzog. Obwohl er nach seiner Rückkehr die gleichen Inhalte vertrat und auch nicht anders aussah, als in der Zeit vor seiner Erkrankung, hatte sich seine Wirkung auf die Wähler verändert. Der einst als autoritär und dominant geltende Minister, hatte nun den Ruf eines kompetenten aber gutmütigen Mannes. Der

Wissenschaftler Rosario Signorello lüftete schließlich das Geheimnis hinter dem neuen Image Bossis: Seine Stimme klang anders.

Nach Signorellos Erkenntnissen setzt sich eine charismatische Stimme aus zwei Komponenten zusammen: Der Grundfrequenz der Stimme sowie der Sprache und Kultur des Sprechers. In Umberto Bossis Fall hatte sich die Grundfrequenz nicht geändert, wohl aber die Tonmodulation. Variierte der Politiker vor seiner Erkrankung noch die Tonhöhe beim Sprechen, so sprach er nach seiner Genesung eher flach.

Die Geschichte von Umberto Bossis Stimme verdeutlicht nur allzu gut, welch großen Einfluss der Klang unserer Stimme darauf hat, wie wir wahrgenommen werden. Eine männliche Stimme mit tiefer Grundfrequenz gilt als dominant aber auch beruhigend und vertrauenswürdig. Arbeitet der Sprecher dann noch mit unterschiedlichen Tonhöhen, gilt er als besonders respektabel. Männer mit höheren Stimmen schätzen wir als ehrlich, doch weniger dominant ein. Allerdings ist bei der Wirkung der Stimme auch ausschlaggebend, wer sie hört. In der Studie Signorellos bevorzugten beispielsweise Franzosen höhere Stimmen als Italiener.

Die charismatische Stimme gibt es eigentlich gar nicht. Vielmehr wissen Führungskräfte, Spitzenpolitiker und begabte Redner, wie sie ihre Stimme an ihre Zuhörerschaft und dem Kontext anpassen. Ein Politiker spricht zu seinen Wählern anders, als zu anderen Politikern. Gute Rhetoriker beobachten die Reaktion, die ihre Stimme beim Publikum hervorruft und stellen sich während des Redens darauf ein. Das bedarf allerdings jahrelanger Erfahrung und kontinuierlicher Übung und ist auf jeden Fall eine bemerkenswerte Fähigkeit.

Mit dem Klang deiner Stimme kannst du also viel erreichen. Du kannst die Sprechgeschwindigkeit schwanken lassen, mal laut, mal leise sprechen, hoch und tief, voluminös oder gepresst, fließend oder stockend.

Ein Satz klingt anders, wenn du ihn mit verschiedenen Emotionen aussprichst. Probier es aus! Es gibt also jede Menge Möglichkeiten, deine Stimme dem Anlass entsprechend einzusetzen. Manche Menschen sprechen im Alltag oder unter Stress zu hoch. Deine natürliche Stimmlage findest du, wenn du angesichts deines Lieblingsessens "Mmmmmmh" machst und zwar so befreit wie möglich. Nutze deinen Brustkorb als Resonanzkörper, aber vermeide es, deine Stimme tiefer zu pressen, als sie ist. Das Publikum durchschaut solche Täuschungsmanöver sofort.

Wenn wir über die Stimme reden, dürfen wir die Atmung nicht vergessen. Atme tief in den Bauch hinein. Das verleiht dir eine ruhige Ausstrahlung und du erhältst genug Sauerstoff. Eine flache Brustatmung dagegen wirkt schnell gehetzt. Achte darauf, Bekleidung zu tragen, die dir genug Raum für eine tiefe Atmung lässt.

Hindernisse überwinden

Im Leben ist nicht immer alles Friede, Freude, Eierkuchen und früher oder später treten Situationen auf, in denen besondere Handlungen erforderlich sind. Charismatische Verhaltensweisen helfen dir im beruflichen und privaten Alltag und sie sind auch dann nützlich, wenn es mal Schwierigkeiten gibt.

Mit schwierigen Menschen klarkommen

Manche Menschen sind einfach schwierig. Ihr Ego braucht extra viele Streicheleinheiten, sie wollen immer Recht haben, beschweren sich über alles und jeden, kurz: Du findest sie einfach unmöglich. Stänkerfritzen gibt es überall und dir ist garantiert schon jemand in deinem Umfeld eingefallen, auf den du einfach nicht ausstehen kannst. Vielleicht würdest du diesem Menschen gern aus dem Weg gehen, aber aus irgendeinem Grund bist du gezwungen, mit ihm Zeit zu verbringen – zum Beispiel weil es sich um einen Arbeitskollegen handelt. Zum Glück gibt es Methoden, mit denen du die Situation so charismatisch wie möglich meistern kannst.

Zunächst einmal solltest du die Lage nicht übermäßig dramatisieren und akzeptieren, dass es immer Menschen geben wird, mit denen du nicht gut klarkommst. Das ist so und das wird auch so bleiben. Auch deine Gefühle sind ganz normal, kein Grund zur Sorge.

Lass dich nicht runterziehen! Oft genügt schon ein Wort aus dem Mund dieser Person und schon bist du auf 180. Dein Körper schüttet Adrenalin aus und dein Stresslevel steigt. Das ist weder förderlich für einen besseren Umgang mit dem schwierigen Menschen, noch tut es deiner Gesundheit gut. Du musst dich also dafür schützen.

Das klappt ganz einfach durch eine leichte Anpassung der Realität: Stell dir vor, die bewusste Person ist deswegen so grantig, weil sie erst heute Morgen einen geliebten Menschen verloren hat. Auf diese Weise bist du weniger frustriert und es fällt dir leichter, für den anderen Mitgefühl zu empfinden. Schwierige Menschen benehmen sich meistens nicht grundlos so, sondern haben Probleme mit sich oder ihren Lebensumständen. Eine empathische Grundhaltung wirkt nicht nur wie ein Schutzschild für dich, sondern wirkt sich auf deine Körpersprache aus. Du strahlst Freundlichkeit aus und fühlst dich viel eher in der Lage, jener Person zu begegnen.

Verteile Anerkennung! Jeder Mensch hungert insgeheim nach Lob und ein geschickt platziertes und wohlformuliertes Kompliment kann Wunder wirken. Bring der schwierigen Person deine Wertschätzung entgegen, wenn sie etwas gut gemacht hat, und sie wird dich mit dem Lob positiv assoziieren. Sieh es gewissermaßen als Investition in ein zukünftig besseres Verhältnis.

Beinah alle Menschen irren sich nur äußerst ungern. Diese Tatsache nutzt du mit einem kleinen Trick aus: Bitte die Person, mit der du Schwierigkeiten hast, um ihre Meinung zu etwas oder bedanke dich für einen Gefallen, den sie dir in der Vergangenheit erwiesen hat. Auf diese Weise steht sie nun vor einem Dilemma: Sie kann sich selbst untreu werden, weil sie jemandem hilft, den sie eigentlich nicht mag, oder sie kann feststellen, dass sie dich eigentlich doch ok findet.

Je charismatischer du wirst, desto eher begegnest du Menschen, die neidisch auf deine Ausstrahlung oder deinen Erfolg sind. Mit ihnen musst du behutsam vorgehen, da sie im schlimmsten Fall sogar deinen Erfolg sabotieren können. Zwei Strategien haben sich als besonders wirksam erwiesen. Entweder, du leitest den Ruhm an sie weiter, oder du findest einen Weg, sie an deinem Erfolg zu beteiligen und auf deine Seite zu ziehen.

Natürlich kommt es immer auf die Situation an, welches Verhalten wohl am besten ist. Im Zweifelsfall lass die Person einfach reden und höre ihr, wie bereits beschrieben, zu, ohne zu urteilen. Und sollten die Schwierigkeiten gar zu groß werden, ist es auch keine Schande, wenn du Abstand nimmst.

Jemanden kritisieren

Kritik einstecken zu müssen, und sei sie noch so konstruktiv, ist wirklich schwer, das weißt du bestimmt aus eigener Erfahrung. Manche Bemerkung zwickt noch Jahre später, obwohl es doch schon so lange her ist, dass sie ausgesprochen wurde. Wie also kannst du an jemandem Kritik üben, ohne ihn dabei zu verletzen?

Mit konstruktiver Kritik möchtest du eine andere Person dazu ermutigen, zu wachsen und aus ihrem Fehler zu lernen. Gehst du dabei clever vor, bleibt ihr Selbstbewusstsein heil und sie wird sich hoffentlich nicht gedemütigt oder vor den Kopf gestoßen fühlen. Letztendlich liegt die emotionale Reaktion des anderen aber auch nicht in deiner Hand, doch mit wenigen Maßnahmen kannst du Schadensbegrenzung betreiben und deine charismatische Wirkung behalten.

Wenn du weißt, jemanden kritisieren zu müssen, egal ob es ein Familienangehöriger oder ein Mitarbeiter ist, liegt dir das sicher wie ein Stein im Magen und du möchtest das unangenehme Gefühl am liebsten sofort loswerden. Widerstehe diesem Bedürfnis und wähle sorgfältig Ort und Zeitpunkt der kritischen Unterredung. Wichtig ist, dass ihr dabei allein seid und euch in einem neutralen Raum befindet – zum Beispiel einem Büro. Plane den Termin so, dass die Person, die du kritisieren willst, noch nicht müde oder nach einem langen Arbeitstag erschöpft ist. Mit einem hohen Energielevel ist negatives Feedback leichter zu ertragen, als mit leeren Batterien.

Versetze dich vor der Unterhaltung in einen Zustand des Mitgefühls und der Wärme. Dies wird sich in deiner Körpersprache bemerkbar machen und dein Gegenüber wird wissen, dass du nur sein bestes willst. Verströme Ruhe und Gelassenheit.

Lege vorher die Punkte fest, die du ansprechen willst. Beschränke dich auf einige wesentliche Fakten, um den anderen nicht zu überrumpeln. Starte immer mit einer positiven Äußerung in die Unterhaltung, um ein Gefühl der Wertschätzung zu kreieren. Trage dein Anliegen so sachlich wie möglich vor und vermeide Verallgemeinerungen oder persönliche Angriffe. "Du-Botschaften" sind ebenfalls nicht angebracht. Verdeutliche stattdessen, welche Gefühle das Verhalten deines Gegenübers bei dir hervorgerufen hat und mach ihm klar, dass du nicht seine Person oder seine guten Absichten in Frage stellst.

Bei aller Vorbereitung kann es doch passieren, dass sich die Emotionen aufladen und die Situation zu eskalieren droht. Sollte das der Fall sein, dann beende die Besprechung sofort und verschiebe sie auf einen anderen Zeitpunkt, an dem du und dein Gesprächspartner in besserer Stimmung seid.

Gib dem anderen die Möglichkeit, selbst Ideen zur Verbesserung seines Verhaltens zu liefern, bevor du etwas vorschlägst. Damit gibst du ihm das Gefühl, aktiv etwas beitragen zu können und nicht bevormundet zu werden.

In den folgenden Tagen oder Wochen ist es natürlich wichtig, das Verhalten der kritisierten Person zu beobachten und ihr regelmäßig positive Rückmeldung zu liefern, sobald eine Besserung eintritt. Denk daran, wie wichtig und motivierend Lob und Anerkennung sind, damit dein Gegenüber sich respektiert fühlt und ihr Selbstwertgefühl nicht verliert.

Hilfe erbitten

Wer die Unterstützung anderer Menschen benötigt, muss sich zunächst eingestehen, dass er mit der aktuellen Situation allein nicht fertig werden kann. Das kratzt am Ego und kann sogar dazu führen, dass man sich unselbstständig oder schwach fühlt. Andersherum helfen wir gerne, wenn man uns darum bittet.

Warum also fällt es so schwer, aktiv nach Hilfe zu suchen und sie dann auch anzunehmen? Die Gründe dafür sind vielfältig und reichen von der Angst vor Ablehnung bis hin zur Schuldgefühlen. Besonders pedantische Menschen sind möglicherweise der Meinung, nur wenn sie etwas selbst tun, wird es auch perfekt. Doch eigentlich ist es andersherum: Wer seine Hemmungen überwindet und bekennt, dass er Unterstützung braucht, beweist innere Stärke und Menschlichkeit. Charismatische Berühmtheiten bitten ihre Mitmenschen übrigens oft und ohne Scheu darum, einen guten Zweck zu unterstützen – etwa als Schirmherr/-frau einer gemeinnützigen Stiftung oder einer Spendengala.

Indem du andere Menschen um Hilfe bittest, gibst du ihnen die Möglichkeit, zu erstrahlen und sich deswegen gut zu fühlen. Und genau das ist doch eine der zentralen Fähigkeiten anziehender Menschen, stimmt's?

Übe zunächst im privaten Umfeld und taste dich langsam an andere Lebensbereiche vor. Das ist gleichzeitig eine gute Übung, auf fremde Menschen zuzugehen und ihr Vertrauen zu gewinnen. Sprich auf der Straße Leute an und frag sie nach dem Weg zur nächsten Post oder bitte im Supermarkt jemanden, dir die Marmelade zu geben, an die du nicht heranreichst. Lass dir etwas einfallen! Im gleichen Maße, wie du dir Unterstützung holst, solltest du auch bereit sein, anderen Menschen deine Hilfe anzubieten. Aber bitte achte nicht penibel darauf, nicht mehr zu geben als zu nehmen – das ist engherzig und hat mit Charisma nichts zu tun.

Schlusswort

Liebe Leserin, lieber Leser,

toll, du hast es bis hier her geschafft und hast nun einen kleinen Überblick in das weite Feld der Anziehungskraft erhalten. Doch Charisma ist ein äußerst komplexes Thema mit unglaublich vielen Aspekten und ich bilde mir nicht ein, sie alle in diesem kleinen Werk behandelt zu haben. Ich möchte dich daher ermutigen, noch mehr zu lesen, während du deine Anziehungskraft erforschst und ausbaust. Die Entscheidung für mehr Charisma ist nur der erste Schritt auf einer spannenden Reise, die dein Leben verändern wird.

Viel Spaß dabei!

Urheberrechte

Die Inhalte dieses Werkes unterliegen dem deutschen Urheberrecht. Die Vervielfältigung, Bearbeitung, Verbreitung und jede Art der Verwertung außerhalb der Grenzen des Urheberrechtes bedürfen der schriftlichen Zustimmung des jeweiligen Autors bzw. Erstellers. Downloads und Kopien dieser Seite sind nur für den privaten, nicht kommerziellen Gebrauch gestattet.

Copyright © 2016 T. Breise

Alle Rechte vorbehalten

Impressum einsehbar auf :

tbreise.buch-autoren.de

Email Newsletter

Anmeldung per Email um über Neuerscheinungen und News informiert zu werden, bitte eine Email an newsletter@tbreise.buch-autoren.de senden.

Gratis Ebook zum schmökern

Hier ist der Link zu einem meiner Ebooks, dass nach eintragen in meiner Emailliste gratis heruntergeladen werden kann.

http://breiseebook.buch-autoren.de